Gulliver Taschenbuch 460

Michael Fischer (Hrsg.)

In allem ist eine Geschichte verborgen

20 Jahre Erwin Moser bei Beltz & Gelberg.
Werkstattbuch mit einem Lexikon der Moser-Figuren.

Beltz & Gelberg

Erwin Moser, geboren 1954 in Wien, aufgewachsen in Gols, dem flächenmäßig größten Weinort Österreichs, absolvierte eine Schriftsetzerlehre, zog es jedoch schon bald vor, frei zu arbeiten. Er ist zugleich Autor und Illustrator von Kinder- und Jugendbüchern, wohl einer der bekanntesten im deutschsprachigen Raum.
Moser erhielt zahlreiche Preise und Anerkennungen und kam wiederholt auf die Auswahlliste zum Deutschen Jugendliteraturpreis.

Gulliver Taschenbuch 460
Originalausgabe

Idee und Gestaltung: verlagsbüro wien
Programm Beltz & Gelberg, Weinheim

Titelzeichnung von Erwin Moser
Gesamtherstellung Druckhaus Beltz, 69494 Hemsbach
Printed in Germany
ISBN 3 407 78460 0

Inhalt

Hans-Joachim Gelberg

Von Mäusen, Katzen und Menschen

Über den Geschichtenerzähler Erwin Moser

Er erzählt schöne Geschichten. Und malt Bilder dazu. Und eigenartig geht es in diesen Geschichten zu. Dinge, die man sonst kaum beachtet, bekommen ein Eigenleben. Sie werden Persönlichkeiten. Steine reden plötzlich oder fliegen auf und davon. Verfeindete Tiere reden miteinander, Mäuse retten Katzen oder umgekehrt. Oder ein angstvoller Stallhase befreit den Fuchs, der ihn fressen will, aber der Fuchs frißt ihn dann doch nicht. Wie ist das möglich?

Vielleicht sind Tiere doch die besseren Menschen – jedenfalls bei Erwin Moser. Wenn man es nicht sofort merkt, so findet man es nach und nach heraus: Diese Tier- und Menschenwelt ist frei erfunden. (Ähnlichkeiten mit der wirklichen Welt sind eher zufällig.) Eine Welt, in der ein Menschenzauberer und ein Rabe ihre Rollen tauschen – der Rabe ein Mensch, der Zauberer ein Rabe –, diese Welt gibt es eigentlich nicht. Bei Erwin Moser gibt es sie doch, diese Welt, in der sich Kellerassel und Schmetterling miteinander befreunden. Erwin Mosers Erzählwelt ist voller Geheimnisse. Darin gibt es sogar Wassermänner in rettender Funktion. Und was so ein alter Lehnstuhl alles sein kann: Geldversteck, Erinnerung, Mäusewohnung und schließlich Anlaß für eine Geschichte, die der Großvater dem kranken Herbert erzählt. Auch die seltsame Reise der Augustkirsche (was immer das sein mag) ist beinah noch aufregender als das nächtliche Piratenabenteuer eines Mäusejungen namens Philip Schnauze. Etwas aus dem Leben eines Gurkenglases zu erfahren, ist keineswegs fad, sondern amüsant und letzten Endes lebensnah.

Mosers Geschichten sind nie langweilig, weil sie die Fantasie anregen. Ja, angesichts dieser Geschichten wären wir ohne Fantasie geradezu verloren. Mosers Figuren, Viecher und Menschen, kommen aus dem Innenraum seiner Kindheit. Wohl dem, der in seiner Kindheit Geschichten erzählt bekommt oder sich selbst welche macht.

Erwin Moser ist in einem Dorf im österreichischen Burgenland, am Neusiedler See, aufgewachsen. Sein Vater war Weinbauer, und er war es auch. Dann hat er noch eine Lehre als Schriftsetzer gemacht. Seit 1980 veröffentlicht er Kinderbücher.

Davon gibt es inzwischen sehr viele, vielleicht sind es schon über hundert. Was an seinen Büchern von Anfang an auffällt: Sie stecken voller Bilder, die er selbst gemalt hat. Man weiß nicht, ob er eher Maler als Erzähler ist – aber macht das einen Unterschied?

aus:
Das große Fabulierbuch

Erwin Moser

Warum es mir gut geht

Aufgewachsen bin ich auf dem Land. Und zwar in einem kleinen Dorf am Neusiedler See, ziemlich im Osten von Österreich. Meine Eltern sind dort Weinbauern. Übrigens habe ich über meine Kindheit ein ganzes Buch geschrieben. Es heißt »Jenseits der großen Sümpfe«. Wenn du dieses Buch liest, erfährst du viel mehr über mich, als ich dir hier erzählen kann. Trotzdem, eines steht nicht drinnen: Wie ich nämlich zum Zeichnen und Schreiben gekommen bin.

Das war so: Gezeichnet habe ich schon immer gerne. Am Anfang waren es wahrscheinlich nur Krixi-Kraxi-Bilder, die nur ich erkennen konnte. Später zeichnete ich in meine Märchenbücher hinein, überall dort, wo eine größere weiße Stelle war. Prinzen mit riesigen Turbanen, Prinzessinnen, Ritter mit und ohne Schwerter oder nur Schwerter alleine und vieles mehr. Alles habe ich vollgeschmiert oder verschönert – ganz wie man will. Eines Tages kam zu uns ein altes Ehepaar, um Wein zu kaufen. Die beiden Leute waren in der Nähe von Wien zu Hause, und sie kamen ab diesem Tag regelmäßig, viele Jahre lang. Was das Wunder daran war: Sie brachten bei jedem ihrer Besuche viele herrliche Geschenke für meine Schwester und mich mit. Darunter befanden sich ganze Stöße von bunten Kinderzeitschriften und Comic-Heften. Das war ein Fressen für mich! Die vielen Bilder und Geschichten regten mich noch mehr zum Zeichnen an. In der Schule war ich im Zeichen-Unterricht längst schon aufgefallen. Was ich in Mathematik verpatzte, versuchte ich in den Zeichenstunden auszubügeln. Einmal erwischte mich der Mathe-Lehrer, wie ich in der Geometrie-Stunde, anstatt Würfel oder solch einem Zeug, eine Horde reitender Indianer zeichnete. Der war vielleicht wütend! »Das kann er«, hat er geschrien. »Aber davon kann man nicht leben, Moser!« (Als ob man von Würfeln oder Dreiecken leben könnte.) Nun, und jetzt lebe ich tatsächlich vom Zeichnen und – vom Schreiben!

Mit dem Schreiben fing ich auch noch während meiner Hauptschulzeit an. Das gleiche wunderbare Gefühl, das ich in den Zwischenstunden hatte, spürte ich auch beim Aufsatzschreiben.

Mein Deutsch-Lehrer war immer sehr begeistert von meinen Aufsätzen und ermunterte mich, auch zu Hause zu schreiben. Und nun ging´s los! Ich schrieb Gedichte, Balladen, Kurzgeschichten und Abenteuergeschichten. Damals war ich zwölf oder dreizehn Jahre alt. Ich las zu der Zeit neben einigen Jugendbüchern viel Karl May und noch viel mehr sogenannte »Schundromane«, Western, Sciencefiction, Gruselromane und solches Zeug. Die gefielen mir viel besser als Kinder- und Jugendbücher. Ich sag´s ganz ehrlich, so wie´s war. Heute lese ich sie allerdings nicht mehr – steht eh immer das Gleiche drin. Und dann schrieb ich meinen ersten Roman. Ich schrieb ihn ca. drei Stunden, an einem Wintertag. Vierzehn Seiten ist er lang geworden, dann ist mir die Puste ausgegangen. Er handelt von einem Privatdedektiven, der die Spur eines Mörders verfolgt und dabei auf ein finsteres Spukschloß gerät, wo es recht wild herging. So genau kann ich mich nicht mehr erinnern. Der »Roman« ist nämlich verschollen. So schrieb ich noch etliche Sachen, bis ich fünfzehn war und nach Wien übersiedelte, wo ich eine Lehre als Schriftsetzer begann. Während dieser Lehrzeit verlor ich das

Komme gleich!

Schreiben ganz aus den Augen, dafür zeichnete ich aber wieder, mehr als je zuvor. Ich begann, mich nun richtig für Kunst zu interessieren und zu begeistern, besuchte viele Ausstellungen und Museen, las eine Menge Kunstbücher und beschloss, Kunstmaler zu werden. Ich lernte Freunde kennen, die ebenfalls große Künstler werden wollten, und wir machten zusammen etliche Ausstellungen in Wien. Schließlich war ich zwanzig, hatte meine Lehre beendet und hängte auch gleich den eben erlernten Beruf an den Nagel. Maler wollte ich werden, ein ganz toller Maler – nicht mehr und nicht weniger. Aber es klappte nicht so richtig. Ich verkaufte viel zu wenig Bilder, als ich davon hätte leben können. Beinahe hätte der Mathe-Lehrer recht bekommen – beinahe! Aber ich gab nicht auf. Und dann entdeckte ich ein Kinderbuch von F. K. Waechter. Das war so eine einfache und schöne Geschichte, mit noch einfacheren und schöneren Bildern, daß ich mir sagte: So etwas probierst du auch. Ich setzte mich hin, schrieb eine Geschichte, zeichnete Bilder dazu und fuhr zum Beltz-Verlag, zu einem gewissen Herrn Gelberg...

Was soll ich noch sagen, inzwischen gibt es acht Kinderbücher von mir (*mittlerweile gibt es über 90, Anmerkung des Herausgebers*), und ich habe vor, nicht eher aufzuhören, bis es fünfzig Bücher sind (oder sagen wir lieber gleich hundert, damit ich richtig schön uralt werde).

Ich mache also genau das, was ich als Kind immer am liebsten gemacht habe, nämlich Zeichnen und Schreiben. Ich schreibe Geschichten und Romane und male Bilder dazu. Das ist genau das, was ich immer wollte, und deswegen geht es mir gut.

aus: Mein Baumhaus

Kleines Lexikon
der Figuren Erwin Mosers

Abdul Ben Kadzir,
Wüstenkater mit einem alten Schloss in der Wüste. Zwei Mäuse in einer fliegenden Kiste führen ihn zu einer Bibliothek, in der er entdeckt, dass Gedichte Gegenstände zum Fliegen bringen.
aus: Der Mäusejaguar

Albert,
stolzer Reiher und Freund von Maus Mucki, mit der er viele kürzere und längere Flugreisen unternimmt. Gemeinsam entdecken sie ein Tal, dessen Felswände über und über mit Kletterpflanzen bewachsen sind. Eine davon birgt eine geheimnisvolle Tür, hinter der eine riesengroße unterirdische Halle liegt und das Schloss des Bären Philipp Edoardo von Grottenburg, dem letzten violetten Zwergbären. *aus: Der Siebenschläfer*

Alfons,
kleiner Rabe, der nicht gut fliegen kann und einen großen Wunsch hat: einmal in Menschengestalt schlüpfen zu können. Als er dann das Angebot vom Zauberer Moldovan erhält, zögert er keinen Augenblick. *aus: Der Rabe Alfons*

Alfons und Filibert**,**
Mäuseriche, die in einem Baumnest im Hochgebirge wohnen. Doch das raue Klima im Winter treibt sie auf eine Felseninsel im Land der Vulkane. Dort ist es herrlich warm – nur der Puddingdrache versetzt sie zunächst in Angst und Schrecken.
aus: Die geheimnisvolle Eule; außerdem in: Der Rabe im Schnee

Antje und Anton,
mutige Mäusekinder, die unter den Wurzeln einer hohen Tanne leben. Trotz bitterer Kälte machen sie sich auf den Weg zum weißen Schloß. Glücklicherweise treffen sie auf Fürst Micha, den Kater, der sie auf seinem Elchschlitten mit ins Schloss nimmt.
aus: Die geheimnisvolle Eule

Arnold Maus,
armer Fischer. Gerät zusammen mit seinem Freund Jonathan Bär in einen fürchterlichen Wirbelsturm, der sie tausende Kilometer in den südlichen Ozean treibt. Dort entdecken sie eine seltsame Kegelinsel mit einem alten Seeräuberversteck.
aus: Der Siebenschläfer

Arnulf,
Bär, der in seiner Rumpelkammer einen alten Staubsauger mit Riesenkräften entdeckt. Mit großem Erfindergeist, einer superstarken Batterie und einem Lehnsessel baut Arnulf einen Schwebesessel, mit dem er in den Urlaub fliegt und drei Jahre unterwegs ist. *aus: Der Mäusejaguar*

Balduin Nashorn,
gewöhnlicher Steinklopfer bei den Pyramiden in Ägypten. Eigentlich wäre er aber viel lieber Kranführer oder Baggerführer gewesen. Seine große Liebe und Sehnsucht gilt aber den Dampfwalzen! Eines Nachts entführt er die schöne Dampfwalze und verschwindet mit ihr auf Nimmerwiedersehen in der weiten Wüste. *aus: Der karierte Uhu*

Balthasar,
ein eigentlich scheues und ängstliches Kaninchen, das wie alle Kaninchen in einer Erdhöhle lebt. Merkwürdigerweise liebt er Gewitter. Und um den Gewittern ganz nahe zu sein, beschließt er, zusammen mit seiner Frau Marianne ein Gewitterturmhaus zu bauen – mit einer Distel als Blitzableiter. *aus: Ein seltsamer Gast*

Bimbi und Gertrud,
Mäuse, die in einem Wald ein altes, verwittertes Haus mit riesigen Möbeln entdecken. Da es leer steht, beschließen sie, dort zu übernachten. Doch in der Nacht passiert etwas Ungeheuerliches: ihr Bett (eigentlich eine Untertasse) erhebt sich vom Boden, fliegt aus dem Haus und steigt in den Himmel auf. Erst weit weg über der Wüste begegnen sie einem Fuchs auf einem fliegenden Teppich, der ihnen zeigt, wie fliegende Untertassen zu steuern sind …
aus: Der Siebenschläfer

Bimmi Benzolin,
Königin des Inselreiches Upapuloluma. Sie veranstaltet zu ihrem 108. Geburtstag einen Wettflug der Luftschiffer. Mehr als 50 Luftschiffe machen sich auf, das Inselreich einmal zu umrunden. Mit von der Partie ist unter anderem der Igel Miroslaw Pekwem mit einem ganz besonderen Luftgefährt. Sein Ballon ist nämlich abkoppelbar und kann auch als U-Boot verwendet werden!
aus: Der karierte Uhu

Bolo,
Elefant, der im Zoo lebt und sich sehr einsam fühlt. Als der Tierpfleger eines Abends vergisst, die Tür zu Bolos Gehege abzuschließen, schleicht Bolo unbemerkt aus dem Zoo. Auf seinem Weg in die Freiheit trifft er auf die Mäuse Albert und Iris, die Braunbären Olga und Otto und den frechen Kater Muck. Und alle sind erstaunt, wie sicher sich der kleine Elefant mit Schlittschuhen auf dem Eis bewegt. *aus: Bolo, der kleine Elefant*

Buffopango III.,
König der Pinguine im Eisland, residiert in einem Schneeschloss mit weichem Schneeballbett. Buffopango III. liebt es, bei klirrender Kälte – seine Pfeife paffend – über klirrenden Schnee zu gehen. Da wird er ganz poetisch. Kater Moccassim Zippelin in seinem blauen Luftschiff dagegen träumt lieber von sonnigen Palmenstränden. *aus: Der Siebenschläfer*

Charles,
seltsamer Strauß, dem es in der weiten Steppe viel zu warm ist, so dass er mit einem Mäuse-Schiff nach Pinguinland fährt.
Ihm gefällt es dort auf Anhieb. Den Mäusen aber ist es viel zu kalt. Da hat Charles eine glänzende Idee ...
aus: Die geheimnisvolle Eule

Eduard Nußknacker,
kleiner, schmächtiger Mäuserich, der von allen nur Edi Schlappohr genannt wird. Er ist nämlich so schwach, daß er kaum eine Nuss heben kann. Auf der Suche nach dem blaugrauen Mauskraut, das einen stark wie ein Bär machen soll, wird er zunächst von einem Adler ergriffen und später vom Seeräuber-

Hauptman Kater Wladimir auf die Insel Katzenburg verschleppt. Dort wird auch Lili Weißwieschnee gefangen gehalten, eine Mäuseprinzessin mit wunderschönen Knopfaugen. Als Edi sie sieht, beschließt er, sie zu befreien, koste es, was es wolle.
aus: Edi Nußknacker und Lili Weißwieschnee

Elias,
Löwe und berühmter Maler. Seine wunderbaren, leuchtenden Bilder hängen in allen großen Museen der Welt. Bei den Vorbereitungen zur Arbeit an einem Deckengemälde im Prunksaal von Schloss Eberwald stürzt Elias von einem Gerüst. Mit verstauchtem Rücken ist an Malen natürlich nicht mehr zu denken. Immerhin sorgt sein Auftraggeber, Graf Wildschwein, dafür, dass es ihm an nichts fehlt. Und bald meldet sich ein Abgesandter des großen Vogelkönigs Titzlitatl mit einem verheißungsvollen Auftrag. *aus: Der Mäusejaguar*

Elli,
kleine Maus, die das Meer liebt. Eines Tages trifft sie auf den Käfer Balduin, der ein Kürbisboot gebaut hat. Beide stechen in See. Dass das Boot auch als Unterseeboot taugt, erweist sich als Glück – ebenso wie das Zusammentreffen mit der Inselmaus Tobi.
aus: Das kleine Kürbisboot

Emanuel Orthopädius,
alter Erfinder, dem das Gehen nicht mehr ganz so leicht fällt. Deshalb erfindet er auch eine Gehmaschine, die sogar laufen und springen kann. Doch eines Nachts stielt der berüchtigte Dieb und Einbrecher Pablo, der Waschbär, die geniale Erfindung. Seine diebische Freude an der Maschine ist allerdings von kurzer Dauer. Nach Sigismund Grunz, einem reichen Sumpfschwein, ist Frantisek Fuchs der nächste Nutznießer der Gehmaschine, und die Mäuse Flips und Munzius gewinnen mit ihr sogar einen Wettlauf gegen einen Geparden.
aus: Die Geschichte von der Gehmaschine

Engelbrecht,
Eber mit ausgeprägtem Hang zur Hypochondrie. Doch Dr. Rabe weiß Rat und die Mäuse Kelli und Zamina sind gute Krankenpfleger.
aus: Der Mäusejaguar
In einer anderen Geschichte setzt er sich bei Gewitter auf einen Berggipfel, einen leeren Topf auf dem Kopf und eine rote Rose in der rechten Hand. Sieben Minuten bleibt er so im Regen sitzen – und all das, weil ihm der Dachs Eremitus dies als bestes Mittel gegen Kopfweh aufgetragen hat.
aus: Der Siebenschläfer

Ewald,
Igel und Erfinder. Entdeckt auf einem Flug mit seiner neuesten Erfindung – einem Hubschrauber, der einem Einkaufskorb ähnlich ist – eine außergewöhnliche Pflanze, die trichterförmige Blüten hat. Diese Trompetenblume schenkt er seinem Freund, dem leidenschaftlichen Blumenzüchter Felix Pandabär. Der kümmert sich um die Pflanze, so dass sie bald zauberhafte Töne von sich gibt. *aus: Die geheimnisvolle Eule*

Farald,
Kater und genialer Automechaniker. Doch Kater Faralds größter Wunsch ist es, einmal ein Flugzeug zu bauen. Als in seinem Garten ein Riesenkürbis heranwächst, bringt er es tatsächlich fertig, daraus ein Flugzeug zu bauen.
aus: Das Findelkind

Felicitas,
Bärenprinzessin, deren Eltern vor lauter Regieren wenig Zeit für sie finden. Zum Glück hat sie zwei liebe und treue Spielgefährten: Bolko und Goliath, zwei starke Bären von der Burgwache. Mit ihnen macht sie in ihrer Sänfte Ausflüge übers Land – über Wiesen, Hügel, Wälder und sogar durch reißende Flüsse und gefährliche Sümpfe.
aus: Der karierte Uhu

Felix,
kleiner Pandabär und großer Hochsprungkünstler – springt mit seinem chinesischen Hochsprungstab höher als Leopard und Känguruh. *aus: Der Mäusejaguar; außerdem in: Traumboot*

Freddy,
kleiner Kater, der sich auf nichts mehr freut, als auf Weihnachten. Als es dann soweit ist, ist er enttäuscht. Nur Bücher hat er als Geschenke bekommen, und die findet er ziemlich langweilig. Als allerdings am nächsten Tag ein weiteres Geschenk per Post geliefert wird, ist Freddy überglücklich: ein Schneemoped! Das muss er natürlich sofort ausprobieren ... *aus: Das Weihnachtsgeschenk*

Franz,
gutmütiges Wiesel, das in einer tiefen Erdhöhle lebt. Trifft beim Brennholzholen auf einen hellerleuchteten Palast und muss feststellen, dass Mäuse richtige Tausendsassas sein können.
aus: Der Siebenschläfer

Frederik,
Siebenschläfer, der nichts mehr liebt, als das Schlafen und sogar die Zeiger seiner Uhr abschraubt, um in richtig zeitlose Traumstimmung zu kommen. *aus: Der Siebenschläfer*

Fridolin,
furchtbar fauler Kater, der in einem Baumhaus am Rande des Sees lebt. Essen und Schlafen sind seine Lieblingsbeschäftigungen. Die zahlreichen Mäusenachbarn machen sich oft einen Spaß daraus, den phlegmatischen Fridolin zu ärgern. Eines Tages allerdings treiben sie es mit ihm zu weit ... *aus: Der Rabe im Schnee*

Giacomo,
Rüsselbär und Sekretär von Kater Abel. Bringt in seiner Rikscha Katze Miranda und ihre Tochter Cäcilie sicher von Bärlingen zum Haus des Onkels im Kegelgebirge. *aus: Der Mäusejaguar*

Giuseppe,
Waschbär, fährt in seinem uralten Auto der Marke »Kugelblitz« mit seinen drei Kindern ins Gebirge. Dort begegnen sie einer Fledermaus, die eine unheimliche Einladung ausspricht.
aus: Der Siebenschläfer

Guido,
Wanderratte mit bewegtem Leben. Geboren auf einem Dampfer, der schon wenige Wochen nach seiner Geburt sank, verbringt er die ersten Monate in Lagerschuppen am Hafen. Weitere Stationen sind: Bahnhofslagerhäuser, ein Bauernhof, Kanäle, eine Katzenfutterfabrik und ein verlassenes Häuschen im Gebirge. Im Kofferraum eines Urlauberautos kommt er weit nach Norden in ein Kaufhaus, danach wohnt er in einer Bücherei, schließt Freundschaft mit einem Hund und gelangt schließlich zu einem Schloss. *aus: Ein seltsamer Gast*

Günter,
Dachs, der gerne lange Wanderungen macht. Auf einem seiner Ausflüge entdeckt er drei riesige Pilze, auf denen drei Vögel sitzen. Diese wollen ihn verführen, von den Pilzen zu essen. Doch Günter, der Dachs, weiß den Verlockungen zu widerstehen.
aus: Der karierte Uhu

Harry,
Hamster, der Kälte und Nässe nicht verträgt und dennoch in einer feuchten Höhle lebt. Wie gerne wäre er im warmen Süden am Meer! Dank Lila, der Maulwürfin, und einer diebischen Elster wendet sich alles zum Guten. *aus: Der Mäusejaguar*

Hassan,
Fuchs, der auf seinem Kamel die Wüste durchquert. Bei einem seiner Ausritte entdeckt er ein echtes Dampfschiff. Olaf Bär, der Kapitän, erzählt ihm die Geschichte von seiner ungewöhnlichen Landung in der Wüste. aus: Die geheimnisvolle Eule

Heinrich,
Reinhold und Hansrudi, drei abenteuerlustige, wagemutige Mäuse, sind dabei, ihr bisher gefährlichstes Abenteuer vorzubreiten: sie wollen mit einem speziell dafür gebauten Auto – einem gepanzerten Mäusejaguar! – das wüste Land der wilden Katzen durchqueren und dabei Filmaufnahmen machen. *aus: Der Mäusejaguar*

Heinz,
Nashorn, das sich vom Geld aus einem Lottogewinn ein kleines Schlösschen hat bauen lassen – samt Labyrinth aus Ligustersträuchern. Im Mittelpunkt des Labyrinths sitzt er bei schönem Wetter in einer Badewanne und läßt es sich gut gehen.
aus: Die geheimnisvolle Eule

***Helfried*,**
Kater, der in einem Bungalow am Meer wohnt. Obgleich er das Meer liebt, ist er zugleich sehr wasserscheu. Sein größter Wunsch ist, einmal ins Wasser hinuntertauchen und sich den Meeresgrund ansehen zu können. Der Mäusemechaniker und Erfinder Sigurd baut daraufhin ein sagenhaftes Flaschenunterseeboot, mit dem beide die wunderbare Unterwasserwelt erkunden.
aus: Traumboot

***Hektor*,**
Faultier, dem der freche Affe Elvis einen Streich spielt, in dessen Verlauf Hektor – ohne es zu bemerken – vom heimischen Urwald auf eine ferne Insel gelangt. *aus: Das Findelkind*

***Hermann*,**
Meerschwein, das gar kein richtiges Meerschwein ist. Eigentlich ist es ein Hausschwein und lebt auf einem Bauernhof. Auf einem eigenen Schiff durch die Meere zu segeln, ist sein größter Traum. Als dann eines Abends eine kleine Maus von einem eigenen Schiff erzählt, greift Hermann die Gelegenheit beim Schopfe.
aus: Ein seltsamer Gast

***Hugo*,**
geiziger Hamster, den seine Hamsterei so weit bringt, dass er sogar seine Nachbarn bestiehlt. Als ein Unwetter all seine Vorräte und seinen Bau vernichtet, gesteht er seinen Diebstahl und lernt wahre Freundschaft kennen.
aus: Hugo der Hamster

Hugo,
Maulwurf und Kohlenhändler mit kleinem Privatbergwerk. Zieht mit einem vollgeladenen Wagen, gezogen von einem dicken, grünen Käfer, durch den Wald und bietet Kohlen an. Dafür finden sich im Herbst auch viele Abnehmer.
aus: Der Siebenschläfer

Ibrahim,
Hund mit einer ganz besonderen Fähigkeit, denn er kann jeden x-beliebigen Teppich zum Fliegen bringen. Dementsprechend hat er auch schon die halbe Welt bereist.
aus: Der Rabe im Schnee

Ilse,
Waldmaus und Freundin der Katze Laura, die ein Regenmusikhaus erfunden hat.
aus: Der Siebenschläfer

Jakob Ribisl,
einfallsreicher Koch von König Mauzenberger in der Mauzenburg, bäckt unter anderem königlichen Traumkuchen mit viel Mohn und Kakao.
aus: Katzenkönig Mauzenberger

Jonathan,
Maus, Seemann aus Leidenschaft, kennt das Meer wie seine Westentasche. Doch nach 20 Jahren auf See wird er plötzlich von der Seekrankheit befallen. Und das ihm! Aber da er nicht nur ein guter Kapitän, sondern auch ein erfinderischer Mäuserich ist, lässt er sich ein Dampfschiff bauen, das zugleich als Dampfluftschiff benutzt werden kann. Und so kann er einfach immer wenn ihm schlecht wird, in die Luft aufsteigen ... *aus: Der Mäusejaguar*

Josef Maschanzker,
Kater aus dem westlichen Teil von Katzenland, wo sich die großen Apfelgärten befinden. Zur Apfelernte initiiert Josef Maschanzker einen Wettbewerb, in dem die größten und schmackhaftesten Äpfel des Landes gesucht werden sollen. Klar, dass man dabei Überblick bewahren muss. Und daher mietet er von den Katzki-Brüdern das Apfelluftschiff Nr. 3 und sucht von der Luft aus die schönsten Äpfel aus.
aus: Ein seltsamer Gast

Joschi Tintenkatz,
großer Künstler – Maler, Erfinder und Architekt in einem, wohnt in einem Turmhaus mit Propeller. Für Kater Friedensreich hat er ein Wasserschlösschen entworfen, für Kathi und Kurt Eichkatz ein Baumhaus und für Viktor von Grille ein Haus auf der Sonnenblume. Und für Familie Maushuber erfindet er eine fliegende Wohnung, die zugleich als Unterseeboot ausgerüstet ist.
aus: Kleine Katzenwelt

Kasimir,
dicker und fauler Kater, wohnt in einem baufälligen Häuschen auf dem Land und isst am liebsten Schokoladentorte und Cremeschnitte, manchmal auch Marmelade oder Honig direkt aus dem Glas. *aus: Kleine Katzenwelt*

Koloman,
Kater und leidenschaftlicher Uhrmacher mit einem vorzüglichen Ruf, lebt inmitten zahlreicher Uhren in seinem Uhrmacher-Häuschen an einem Teich und ist scheinbar durch nichts aus der Ruhe zu bringen.
aus: Der Mäusejaguar

Herr und Frau Katzelmeier,
Katzenpaar, das die Natur und die Poesie liebt. Ihr Lieblingsdichter ist ein gewisser Walter Ross. Um ihn einmal persönlich kennenzulernen, laden sie den Dichter zu sich ein. Doch ist die Überraschung groß, als sie feststellen, dass der Poet genau das Gegenteil von seinen zarten Gedichten ist – nämlich ein tonnenschweres Walross.
aus: Ein seltsamer Gast

Klara Miezmiez,
verwitwete Katze, die zurückgezogen in einem kleinen Haus mit großem Garten lebt. Ihre Zeit vertreibt sie sich mit Bücherlesen, oder sie arbeitet im Gemüsegarten. Als ein Frosch, der sich als ihr Neffe Peppino ausgibt, auftaucht, ändert sich ihr Leben schlagartig. *aus: Der karierte Uhu*

Linda,
kleine Maus mit eigenem Segelboot und großer Zuneigung zu allen Fischen. Jeden Tag bäckt sie für ihre schuppigen Freunde Kuchen. Eines Tages lernt sie einen fliegenden Fisch kennen. Der nimmt sie mit Hilfe einer auf seinem Rücken befestigten Tauchkabine auf seinen ausgedehnten Unterwasserreisen mit.
aus: Der Siebenschläfer

Manuel & Didi,
Mäuserichs, sind die allerbesten Freunde der Welt: pfiffig, phantasievoll und in ihren Abenteuern unzertrennlich. Ob sie in einen sintflutartigen Regen geraten oder mit ihrem Luftschiff stranden – die beiden wissen sich immer zu helfen. Und sie sind sehr erfinderisch: Aus einem alten Hut wird ein Flugzeug, aus einem Maiskolben ein tolles Auto und aus einem Kürbis ein Super-Schlitten. Bei ihren Abenteuern treffen sie viele Freunde, wie Leopold, den Igel, Gottfried, den Steinkauz, Karl Biber, Flips Waldmaus, Siegfried Eichkater, Felix Pandabär, Norbert Wasserratte und viele mehr.
aus: Die Abenteuer von Manuel & Didi

Mario,
Bär, Freund von Bärnd und Bärta Bär und Besitzer eines roten Motorrades mit Beiwagen. Als Babysitter greift er zu einem unkonventionellen Mittel, damit die Bärenkinder einschlafen.
aus: Mondballon

Markus,
Eisbär, lebt im Gebirge und ist oft etwas einsam. Da kommt ihm eines Tages die Idee zu einem Schneeauto: einem dampfbetriebenen Schlitten mit bequemen Sesseln. Auf einem Schrottplatz sucht er sich die Bestandteile zusammen, und bald setzt sich das Badewannendampfschlittentaxi in Bewegung. Ob Familie Schneehase, Familie Murmeltier oder der Braunbär – sie alle wollen in Markus Eisbärs wundervollem Taxi befördert werden und machen ihn so zum glücklichsten Bären der Welt!
aus: Ein seltsamer Gast

Matthias,
kleiner grauer Bär, der in einem Baumhaus am Ufer eines Teiches wohnt. Eines Tages bekommt er Besuch vom Koalabären Curtis aus Australien. Für ihn verlegt er sogar sein Bett zwischen die Äste seines Baumhauses. *aus: Traumboot*

Matthias,
Kirchenmaus, lebt zusammen mit fünfzehn Mäusen in einer kleinen, alten Kirche. Nachdem er von anderen Mäusen zur jährlichen Nussernte mitgenommen wurde, hatte es ihm im Garten viel besser gefallen, als in der kalten Kirche. Überhaupt imponiert ihm vieles von dem, was er über die Menschenwelt hört. Und so beschließt er, die Menschenwelt kennenzulenern ...
aus: Der einsame Frosch

König Mauzenberger,
königlicher, sehr dicker Kater, mit schönem, elfenbeinfarbenem Fell, hat morgens immer schlechte Laune, aber bald Geburtstag. Und das wollen die Katzen seines Landes und natürlich auch die Mäuse aus dem Nachbarland gebührend feiern.
aus: Katzenkönig Mauzenberger

Maximilian,
Wüstenmaus, lebt in Mausico City, einer mexikanischen Mäusestadt. Den lieben langen Tag spielt er auf seiner Geige, leider nicht besonders gut, sogar so schlecht, dass er eines Tages vom Mäusebürgermeister in die Wüste verbannt wird. Unermüdlich fiedelt er auch dort und findet doch noch ein dankbares Publikum: die scheuen, kleinen Kaktuswesen, die sich gewöhnlich nicht ans Sonnenlicht trauen, sind von den schrägen Klängen ganz entzückt.
aus: Mondballon

Mireille,
Katze und tollkühne, aber etwas leichtsinnige Fliegerin; hat innerhalb von zwei Jahren zwölf Flugzeuge ruiniert. Mit dem letzten ihr verbliebenen Flugzeug unternimmt sie gemeinsam mit ihrem Freund Ezechiel, dem Leoparden, einen Probeflug, der mit einer Überraschung endet ...
aus: Der karierte Uhu

Mudschi,
Kater und Sultan von Gurudschistan, lebt in einem Palast mit einer riesigen Schatzkammer, die 563 goldene, edelsteinbesetzte Wasserpfeifen birgt. Jeden Tag probierte der Sultan eine andere aus. Als er eines Tages die ersten Züge aus einer goldenen, mit blauen Edelsteinen besetzten Wasserpfeife nimmt, hebt sich plötzlich das Kissen, auf dem er sitzt, in die Luft und schwebt mit ihm durch das Palastfenster hinaus. Mudschi hatte eine Zauberwasserpfeife entdeckt! *aus: Mondballon*

Nina,
kleine, weiße Katze, die in einer rosaroten Villa mit großem Garten wohnt und viele gute Freunde hat – Edgar, der Igel etwa, den Kater Arne oder den Hamster Karl. Langweilig wird ihr nie. Denn wenn sie will, fährt sie Autorennen oder geht mit einem Sportflugzeug in die Lüfte. *aus: Kleine Katzenwelt*

Nina und Maxi,
Tauchermäuse, die vom Schatzsucherfieber gepackt sind. Bei einem ihrer Tauchgänge entdecken sie ein uraltes Segelschiff. Leider müssen sie feststellen, dass es leer ist. Doch ganz in der Nähe sehen sie eine riesige Krake, die eine Schatztruhe in den Armen hält ... *aus: Der karierte Uhu*

Odilo und Olympia,
große, viel beschäftigte Bären. Er ist Reporter bei der Stadtzeitung und sie Katzenärztin. Oft haben sie so viel zu tun, dass sie am Abend nur mehr zwei, drei Sätze wechseln und dann ins Bett fallen. Da hat Olympia eine gute Idee für eine erholsame Beschäftigung in ihrer spärlichen Freizeit ... *aus: Der Mäusejaguar*

Ossi,
Meerkatze, die auf dem Meer zu Hause ist. Sein Schiff ist ein ganz besonderes. Es kann nämlich wie ein Unterseeboot tauchen und wie ein Flugzeug fliegen. Und zu allem Überfluss besitzt Ossi noch eine Meeresinselvilla mit Palme und Liegestuhl.
aus: Mein Baumhaus

Oswin Grünhutt,
Mäuserich mit verwegenem Schnurrbart, hohem Hut und Säbel. Sieht aus wie ein Räuberhauptmann, ist aber eigentlich Flüchtlingshelfer. *aus: Der karierte Uhu*

Paul und Hanna,
Katzen und Müller, die in einer Windmühle leben und von früh bis spät arbeiten. Eines Tages finden sie vor ihrer Mühle zwei Zauberfedern, die sie auf und davon tragen. *aus: Der karierte Uhu*

Pepe,
Pinguin, der anders ist als die anderen Pinguine. Er ist nämlich ganz weiß und hat nur auf dem Rücken einen kleinen schwarzen Fleck. Ihm macht sein Äußeres zwar nichts aus. Doch für die anderen ist er kein richtiger Pinguin. Mit Hilfe von Arthur Eisbär und Engelbert Schweinchen zeigt er den anderen Pinguinen, dass man etwas Besonderes sein kann, auch ohne besonders schön auszusehen.
aus: Pepe Pinguin

Pepita,
die Wassermaus, haust in einem sumpfigen Kratertal. Obwohl sie schon über einhundertfünfzig Jahre alt ist, fühlt sie sich noch erstaunlich jung. Das Geheimnis lüftet ein Kater auf hohen Stelzen.
aus: Der Siebenschläfer

Peppo,
Ziesel und Besitzer der behaglichsten Erdhöhle weit und breit. Das ist wohl auch der Grund, warum er so häufig Besuch bekommt. Vom Igel Ludwig etwa, der dann zwei Monate bleibt, oder von zwei Waldmäusen, die bei Peppo sogar den ganzen Winter verbringen.
aus: Der Rabe im Schnee

Philip Schnauze,
Sohn von Herrn und Frau Wasserratte, träumt davon, ein berühmter Piratenkapitän zu werden (wie Kapitän Flint oder die Rote Ratte!). Da er noch kein eigenes Schiff besitzt, sticht er zunächst mit Frau Wasserrattes Wasserbottich in See. Doch kaum hat er die Piratenflagge gehisst, da nähert sich ein lautes Ungeheuer ...
aus: Die Geschichte von Philip Schnauze

Rasputin,
Kater, lebt in einem Haus vor der Stadt. Als Feuer ausbricht wird er von der Mäusefeuerwehr gerettet. Zum Dank stellt er den Mäusen nie mehr nach und wird sogar Feuerwehrkater.
aus: Der karierte Uhu

Reginald,
Hund, besitzt zusammen mit Katze Lisa ein kleines Dampfschiff, das »Traude« heißt. Auf der ersten Reise in die Südsee wird Katze Lisa allerdings seekrank. Nach drei Tagen Fahrt erreichen sie endlich eine Insel. Dort leben violette Bären, die doch tatsächlich ein sicheres Mittel gegen Seekrankheit kennen. Und bald können die beiden wieder in See stechen.
aus: Der Rabe im Schnee

Ricardo,
Leopard, kennt den Dschungel und die Steppe wie seine eigene Westentasche. Die dahinterliegende Wüste will er erst noch erkunden. Da macht er eines Tages einen merkwürdigen Fund: ein Segelboot mit drei Rändern an der Unterseite. Der Wüstensegler ist schnell repariert – und bald saust Ricardo durch die Wüste. *aus: Mondballon*

Richard,
Goldhamster, der als Einsiedler in einem uralten Baum auf einer einsamen Insel im Moor lebt. Er fühlt sich sehr wohl mitten in der Natur. Nur einmal im Monat kommt Kurt Wasserratte zu ihm und bringt die Post. *aus: Ein seltsamer Gast*

Richard Schnurr,
Kater und Straßenbahnschaffner, der in Katzenheim lebt und ein ausgefallenes Hobby hat: er sammelt Vogelfedern. Federn in allen Farben und Größen besitzt er: Pfauenfedern, Fasanenfedern, Flamingofedern und viele mehr. Eines Tages findet er eine wunderschöne blaue Feder von einer ihm unbekannten Vogelart. Die Suche nach dem seltsamen Vogel führt ihn zu einer abgelegenen Inselgruppe, auf der dem Sammler das Herz aufgeht.
aus: Ein seltsamer Gast

Rolli,
Hase, lebt im hintersten Winkel eines Bauernhofes. Ein schlauer Fuchs versucht den gutgläubigen Rolli hineinzulegen. Doch bald ist der in einer gänzlich anderen Lage. *aus: König Löwe*

Rudolf,
Hamster, Meister der Behaglichkeit. Die Wintermonate verbringt er ausschließlich mit Schlafen, Träumen, Essen und Lesen. Und gelegentlich schmaucht er eine von seinen drei Pfeifen. Wenn das kein behagliches Leben ist! *aus: Ein seltsamer Gast*

Salvador,
Kater und großer Maler, lässt sich von einem Nilpferd durch Katzenheim tragen. Er malt für jede Stadt, in die er kommt, ein Bild – auf das Pflaster des Marktplatzes von Katzenheim etwa eine riesengroße, gelbe Maus.
aus: Der Siebenschläfer

Schorsch und Mizzi,
Eichkatzen, entdecken einen sprechenden Baum, der auch noch gehen kann. Da beschließen die beiden, mit dem Wanderbaum durch die Welt zu reisen.
aus: Ein seltsamer Gast

Stefan,
Kater und alter pensionierter Seemann. Auf einer Versteigerung erwirbt er ein kleines gelbes U-Boot, mit dem er in die warme Südsee fährt – selbstverständlich gemeinsam mit allen Mäusen aus der Nachbarschaft.
aus: Der Siebenschläfer

Trixi,
Maus, lebt in einem kleinen Häuschen am Stadtrand neben einem Schrotthändler und einer städtischen Mülldeponie. Eines Tages hat sie vom Lärm, Gestank und all den Katzen die Nase voll, und beschließt, auf einen anderen Planeten auszuwandern. Mit einem selbstgebauten Mäuseraumschiff startet sie in den endlos weiten Weltraum. *aus: Die Maus im All*

Ulysses,
Eisbär, lebt hoch im Norden, wo es nur Schnee und Eis gibt. Eines Tages träumt er von einer Insel mit grünen Palmen, was sehr merkwürdig ist, da er nie auf so einer Insel gewesen war, und noch nicht einmal wissen konnte, was Bäume sind. Als er in einem gestrandeten Schiff eine Werkzeugkiste findet, hat er eine Idee!
aus: Der karierte Uhu

Vanessa,
Katze und große Zauberkünstlerin. Bringt den missbilligenden Kater Murr mit einem tollen Trick zum Schweigen.
aus: Traumboot

Wendelin,
Hund und Taxifahrer in einer großen Stadt, fährt fälschlicherweise in den Kaktuswald und wird dort dennoch gastfreundlich empfangen.
aus: Der Mäusejaguar

Winzig,
kleiner Elefant, der so winzig klein ist, dass seine Eltern ihn verloren haben. Auf der Suche nach seinen Eltern und den Elefanten schließt er mit vielen Tieren Freundschaft. Und seine Beharrlichkeit wird schließlich belohnt.
aus: Winzig – Das große Buch vom kleinen Elefanten

Xaver Rotpelz,
Bücherkater, verbringt die meiste Zeit des Winters in einer gut geheizten Dachkammer und liest. Die sechs Mäuse, die auf dem Dachboden wohnen, haben nichts zu befürchten. Hier wird gelesen. Und alle Leser – auch die Fliegen und die Motten – gehen auf phantastische Reisen und erleben die gefährlichsten Abenteuer!
aus: Der Siebenschläfer

Zacharias,
alter Papagei, hatte nach dem Tod seines Herrn sein Bündel aus Büchern geschnürt, und begibt sich auf Wanderschaft. Das ist im Winter naturgemäß nicht so angenehm. Doch als er an ein Weidenbaumhaus kommt, nimmt ihn eine Maus und eine Eule gastfreundlich auf.
aus: Mondballon

Zacharias Miauinger,
dicker Tigerkater mit rötlichem Fell, Chef der Stadtbäckerei von Mauzenburg.
aus: Katzenkönig Mauzenberger

Das Universum der Figuren Erwin Mosers ist ein schier unerschöpfliches. Das kleine Lexikon der Figuren Erwin Mosers stellt eine Auswahl dar und soll lediglich einen Eindruck über deren Vielfältigkeit vermitteln.

Ich glaube, Humor
ist immer richtig.
Er schafft Distanz,
macht einen klaren Kopf,
und er mildert bestimmt
jede Art von Angst.

Erwin Moser

Das brennende Haus

Alles beginnt mit Bildern. Ich sitze am Schreibtisch und stelle mir Bilder vor. Bilder von Landschaften, Orten, Gegenständen, Tieren, Menschen. Ich lasse den Film der Phantasie anrollen und träume mich immer tiefer hinein, bis die vorgestellten Bilder deutlicher und wirklicher werden als meine gegenwärtige Umgebung.

Ich sehe zum Beispiel rasch hintereinander: eine Windmühle, einen Nadelwald, dichten Regen, eine Dschunke, einen Suppentopf, einen winzigen Koffer, ein brennendes Haus, eine grüne Fliege, einen uralten Mann in einem Bett, einen Eskimo, einen Zigarettenstummel und wieder das brennende Haus.

Aha! Das Haus interessiert mich am meisten! Vielleicht werde ich heute ein brennendes Haus malen. Sehen wir es uns genauer an. Ist es ein großes Haus? Eine Villa? Ein Schloss? Nein, es ist sehr klein, mehr eine Hütte. Mit Stroh gedeckt (damit es besser brennen kann). Und die Flammen schlagen wild empor. Sie sind so hoch wie das Haus. Darüber breitet sich eine schwarze Rauchwolke in den Himmel. Das Feuer knistert und kracht und saust. Die Tür des Hauses steht offen. Ja, sehr gut!

Auf das Malen der Flammen freue ich mich schon. Ich werde sie vor einem grünen Himmel malen, damit sich das Rot und Gelb der Flammen noch leuchtender abhebt. Jetzt entdecke ich, dass das kleine Haus im Gebirge steht. In einem wild zerklüfteten Gebirge, am Rande einer tiefen Schlucht. Ich sehe dürre Bäume, Felsen, einen Raben, der auf einem Ast hockt.

Rabe, Feuer, Haus, Rauch, Schlucht, grüner Himmel. Es wird immer deutlicher. Ich rieche fast den Rauch, der Rabe bewegt sich auf seinem Ast, er schielt ängstlich zum Feuer hinüber. Vor der tiefen Schlucht schwindelt mir. Das Feuer frisst rasend schnell das trockene Strohdach. Wunderbar!

Was mache ich nun mit diesem lebenden Bild in meinem Kopf? Es könnte der Anfang von einem Roman werden. Es könnte eine dramatische Geschichte werden, ich könnte Menschen dazuerfinden. Ich könnte das Haus ins Mittelalter verlegen oder in die Gegenwart oder in ein Fantasieland. Ich könnte Soldaten, Drachen, Ritter oder eine Feuerwehr oder einen Hubschrauber dazuerfinden (ich höre den Hubschrauber schon knattern), oder ich könnte das Haus auch einfach abbrennen lassen und mir etwas Neues ausdenken. Alles ist noch offen …

Ich zünde mir eine Zigarette an und schaue aus dem Fenster. Draußen hat es zu regnen angefangen, und in meinem Kopf brennt ein Haus vor sich hin. Während ich die Zigarette zu Ende rauche, komme ich zu einem Entschluss. Ich werde dieses brennende Haus für den nächsten Kinderkalender verwenden … Ja, es wird ein Kalenderbild!

Jetzt sehe ich plötzlich auch die traurige Maus (oder Ratte) mit den roten Schuhen im Vordergrund des Bildes. Sie trägt einen Rucksack, einen Stock und ein Bündel. Ihr hat wohl das Haus gehört. Es ist ihr abgebrannt, und sie muss in die Welt hinauswandern. Was ihr noch passieren wird, werde ich in einer kurzen Geschichte von zwei, drei Seiten erzählen. Kein Hubschrauber, keine Drachen, keine Soldaten – nur diese einsame, traurige Maus. Und der Rabe.

Das Bild ist fertig, obwohl ich noch keinen einzigen Strich getan habe. Ich sehe alles ganz genau vor mir. Ich habe die

Stimmung, die Farben, die Landschaft, die Figuren. Ich rieche sogar die Luft, oder bilde es mir ein, und ich höre die Flammen krachen. Es ist alles sehr dicht und wirklich und lebendig.

Jetzt lege ich das weiße, leere Zeichenblatt vor mich hin und beginne zu zeichnen. Die Hauptarbeit ist gemacht. Nun kommt das Vergnügen. Draußen regnet es jetzt stärker. Ich werde mir beim Malen an dem brennenden Haus die Fingerspitzen wärmen.

Meine Kinderbuchillustrationen sind alle mit Feder und schwarzer Tusche gezeichnet und danach mit Aquarellfarben koloriert. Manchmal spritze ich mit dem Luftpinsel noch einen Hauch von Gelb oder Blau über das fertige Bild, um dem Ganzen eine dichtere Atmosphäre zu geben.

Als Kind war ich sehr fasziniert von Bildern aller Art. Alles Gedruckte und Gemalte hat mich stark angezogen. Ein Bild zu betrachten bedeutet, in das Bild hineinzusteigen. Die Umgebung ganz zu vergessen und richtig im Bild spazierenzugehen. Was für ein Genuss! Erwachsene können das auch. Aber ich glaube, Kinder können es am besten.

Natürlich habe ich dann sehr bald selber zu zeichnen angefangen, um dieses Vergnügen möglichst zu verdoppeln. Wahrscheinlich sind die Kinder die größten Kunstgenießer! Realität ist für sie noch nichts Festes, Unveränderliches, Einschränkendes. Eine zweidimensionale Darstellung wird durch ihre vitale, kreative Betrachtungsweise genauso real wie eine dreidimensionale. Und ein kitschiges Bild, zum Beispiel, kann von ihnen mit demselben Genuss wahrgenommen und in der Phantasie weitergestaltet werden wie ein großes Kunstwerk. Kinder sind ein wildes, freies, wunderbares Publikum.

aus: Fabulierbuch

Die Bücher von Erwin Moser

Wenn nicht anders angegeben, sind alle Bücher bei Beltz & Gelberg erschienen.
TB = Taschenbuch

DIE ABENTEUER VON MANUEL & DIDI
FRÜHLINGSGESCHICHTEN
Gulliver TB 1998
ISBN 3-407-78288-8

DIE ABENTEUER VON MANUEL & DIDI
SOMMERGESCHICHTEN
Gulliver TB 1998
ISBN 3-407-78296-9

DIE ABENTEUER VON MANUEL & DIDI
HERBSTGESCHICHTEN
Gulliver TB 1999
ISBN 3-407-78358-2

DIE ABENTEUER VON MANUEL & DIDI
WINTERGESCHICHTEN
Gulliver TB 1999
ISBN 3-407-78382-5

EIN AUFREGENDER TAG IM LEBEN VON
FRANZ FELDMAUS
Kleine Hand Bücher 1986
ISBN 3-407-79005-8
vergriffen
Gulliver TB 1989
ISBN 3-407-78053-2
vergriffen

DER BÄR UND SEINE FREUNDE
Mini-Buch 1991
ISBN 3-407-79129-1

DER BÄRENSCHATZ
DIE ABENTEUER VON MANUEL, DEM
MÄUSERICH, UND SEINEM FREUND DIDI
1986
ISBN 3-407-80299-4
vergriffen
Gulliver TB 1997
ISBN 3-407-78275-6

BOLO, DER KLEINE ELEFANT
Mini-Buch 1996
ISBN 3-407-79186-3

DER DACHS SCHREIBT HIER BEI
KERZENLICHT
KLEINE TIERKUNDE
Gulliver TB 1991
ISBN 3-407-78117-2
vergriffen
Mini-Buch (gekürzte Ausgabe) 1987
ISBN 3-407-79127-5
vergriffen

DICKER KATER KASIMIR
Mini-Buch 1992
ISBN 3-407-79119-4

DIE DREI KLEINEN EULEN UND SIEBEN ANDERE GESCHICHTEN
Annette Betz Verlag
1989
ISBN 3-219-10468-1

EDI NUßKNACKER UND LILI WEIßWIESCHNEE
Gulliver TB 1988
ISBN 3-407-78038-9

DER EINSAME FROSCH
FABELHAFTE GESCHICHTEN
1984
ISBN 3-407-80124-6
vergriffen
Neuausgabe 1991
ISBN 3-407-80085-1
Gulliver TB 1990
ISBN 3-407-78090-7

EISBÄR, ERDBÄR UND MAUSBÄR
Annette Betz Verlag
1984
ISBN 3-219-10570-X

FABULIERBUCH
Kinderbibliothek 1989
ISBN 3-407-79504-1
vergriffen
Gulliver TB 1993
ISBN 3-407-78153-9
vergriffenDAS FINDELKIND
GUTE-NACHT-GESCHICHTEN
1994
ISBN 3-407-79148-8
Sonderausgabe 2000
ISBN 3-407-79256-5

DIE FLIEGENDE KISTE
Mini-Buch 1996
ISBN 3-407-79170-4

DIE FLIEGENDE SCHNECKE
UND ANDERE SELTSAME GESCHICHTEN & BILDER
1984
ISBN 3-407-80276-5
vergriffen

DIE GEHEIMNISVOLLE EULE
GUTE-NACHT-GESCHICHTEN
1997
ISBN 3-407-79198-4

DIE GESCHICHTE VON DER GEHMASCHINE
Gulliver TB 1991
ISBN 3-407-78112-1

DIE GESCHICHTE VON PHILIP SCHNAUZE
1982
ISBN 3-407-80259-5
vergriffen
Gulliver TB 1986
ISBN 3-407-78013-3

GESCHICHTEN AUS DER FLASCHE IM MEER
1985
ISBN 3-407-80289-7

DIE GESCHICHTEN VON DER MAUS, VOM FROSCH UND VOM SCHWEIN
1991
ISBN 3-407-80073-8

Der glückliche Bär
Mini-Buch 1991
ISBN 3-407-79128-3

Der glückliche Biber
1994
Annette Betz Verlag
ISBN 3-219-10584-X

Das große Fabulierbuch
1995
ISBN 3-407-79688-9
vergriffen
Neuausgabe 1999
ISBN 3-407-79797-4
vergriffen

Großvaters Geschichten
oder Das Bett mit den fliegenden
Bäumen
1981
ISBN 3-407-80574-8
vergriffen
Neuausgabe 1986
ISBN 3-407-80050-9
Gulliver TB 1995
ISBN 3-407-78194-6

Gute Nacht, kleiner Igel
1989
Annette Betz Verlag
ISBN 3-219-10448-7Guten Morgen,
Herr Kater!
1990
Annette Betz Verlag
ISBN 3-219-10491-6

Guten Tag, lieber Bär!
1989
Annette Betz Verlag
ISBN 3-219-10449-5

Das Haus auf dem fliegenden Felsen
1988
ISBN 3-407-80255-8
vergriffen
Gulliver TB 1987
ISBN 3-407-78020-6

Hugo der Hamster
Mini-Buch 1998
ISBN 3-407-79226-3

Ich und der Wassermann
Wahre Traumgeschichten 1983
ISBN 3-85-197-178-7
vergriffen

Die Igelkinder
Mini-Buch 1995
ISBN 3-407-79153-4
vergriffen

Jenseits der großen Sümpfe
1980
ISBN 3-407-80302-8
vergriffen
Neuausgabe 1991
ISBN 3-407-80168-8
Gulliver TB 1993
ISBN 3-407-78145-8 Joschi
Tintenkatz
Mini-Buch 1993
ISBN 3-407-79130-5

Ein Käfer wie ich
Erinnerungen eines Mehlkäfers aus
dem Burgenland
1982
ISBN 3-407-80593-4
vergriffen
Neuausgabe 1993
ISBN 3-407-79610-2

Gulliver TB 1987
ISBN 3-407-78029-X

Der karierte Uhu
Gute-Nacht-Geschichten
1992
ISBN 3-407-79101-1
vergriffen
Sonderausgabe 2000
ISBN 3-407-79255-7

Das Katzen-ABC
Mini-Buch 1985
ISBN 3-407-79117-8

Katzenkönig Mauzenberger
1986
ISBN 3-407-80161-0
vergriffen
Gulliver TB 1992
ISBN 3-407-78134-2

Kleine Katze Nina
Mini-Buch 1992
ISBN 3-407-79118-6

Kleine Katzenwelt
1995
ISBN 3-407-79157-7
Gulliver TB
1999
ISBN 3-407-78337-X

Das kleine Kürbisboot
Mini-Buch 1995
ISBN 3-407-79154-2

Das kleine Mäusealbum
Mini-Buch 1985
ISBN 3-407-79140-2

Klitzekleine Schneegeschichten
Mini-Buch 1996
ISBN 3-407-79187-0

König Löwe
1990
ISBN 3-407-80042-8
Gulliver TB 1996
ISBN 3-407-78225-X

Koko mit dem Zauberschirm
Annette Betz Verlag
1992
ISBN 3-219-10547-5

Koko und der fliegende Teppich
Annette Betz Verlag
1994
ISBN 3-219-10588-2

Koko und der weisse Vogel
1993
Annette Betz Verlag
ISBN 3-219-10559-9

Koko und seine Freundin Kiri
1993
Annette Betz Verlag
ISBN 3-219-10563-7

Konrad der Schneemensch
Mini-Buch 1999
ISBN 3-407-79245-X

Das Mäuse-ABC
Mini-Buch 1998
ISBN 3-407-79225-5

Der Mäusejaguar
Gute-Nacht-Geschichten
1999
ISBN 3-407-79242-5

Die Mäusepiraten
Mini-Buch 1997
ISBN 3-407-79202-6

Der Mäusezirkus
Mini-Buch 1993
ISBN 3-407-79131-3

Manuel & Didi
Das grosse Buch der
kleinen Mäuseabenteuer
1998
ISBN 3-407-79774-5

Manuel & Didi
Das zweite grosse Buch der kleinen
Mäuse-Abenteuer
1999
ISBN 3-407-79791-5

Manuel & Didi. Die Baumhütte
Kleine Mäuseabenteuer
1987
ISBN 3-407-80341-9
vergriffen
Gulliver TB 1990
3-407-78094-X
vergriffen

Manuel & Didi. Der blaue Turban
Kleine Mäuseabenteuer im Sommer
1992
ISBN 3-407-80391-5
vergriffen
Gulliver TB 1994
ISBN 3-407-78180-6
vergriffen

Manuel & Didi. Der fliegende Hut
Kleine Mäuseabenteuer
1987
ISBN 3-407-80338-9
vergriffen
Gulliver TB 1990
ISBN 3-407-78078-8
vergriffen

Manuel & Didi. Der grosse Pilz
Kleine Mäuseabenteuer
1987
ISBN 3-407-80339-7
vergriffen
Gulliver TB 1990
ISBN 3-407-78084-2
vergriffen

Manuel & Didi. Der Lehnstuhl
Kleine Mäuseabenteuer
1992
ISBN 3-407-80390-7
vergriffen
Gulliver TB 1994
ISBN 3-407-78173-3
vergriffen

Manuel & Didi. Das Maisauto
Kleine Mäuseabenteuer im Herbst
1992
ISBN 3-407-80392-3
vergriffen
Gulliver TB 1995
ISBN 3-407-78209-8

Manuel & Didi. Die Schneekatze
Kleine Mäuseabenteuer im Winter
1992
ISBN 3-407-80393-1
vergriffen
Gulliver TB 1994
ISBN 3-407-78166-0

Manuel & Didi. Der Schneemensch
Kleine Mäuseabenteuer
1987
ISBN 3-407-80342
vergriffen
Gulliver TB 1991
ISBN 3-407-78099-0

Manuel & Didi helfen den Krähen
Mini-Buch 1999
ISBN 3-407-79235-2

Manuel & Didi und die Schildkröte
Mini-Buch 1999
ISBN 3-407-79234-4

Mario der Bär
Gute-Nacht-Geschichten
1996
ISBN 3-407-79180-1
vergriffen
Sonderausgabe 2000
ISBN 3-407-79254-9

Diese Maus heißt Friederich
Mini-Buch 1990
ISBN 3-407-79122-4

Die Maus im All
Mini-Buch 1996
ISBN 3-407-79171-2

Max der Roboter
Mini-Buch 1997
ISBN 3-407-79201-8

Mein Baumhaus
1983
ISBN 3-407-80272-2

Der Mond hinter den Scheunen
Eine lange Fabel von Katzen, Mäusen und Ratten
1982
ISBN 3-407-80102-5
vergriffen
Neuausgabe 1993
ISBN 3-407-79619-6
Gulliver TB 1989
ISBN 3-407-78060-5

Mondballon
Ausgewählte Gute-Nacht-Geschichten
1998
ISBN 3-407-79222-0

Paulis Traumreise
1986
Verlag Friedrich Oetinger
ISBN 3-7891-166-X
vergriffen

Pepe Pinguin
Mini-Buch 1994
ISBN 3-407-79192-5

Der Rabe Alfons
1990
ISBN 3-407-80062-2
Vorzugsausgabe 1990
ISBN 3-407-80063-0
vergriffen
Jubiläumsbibliothek 1996
ISBN 3-407-79717-6
Gulliver TB 1998
ISBN 3-407-78303-5

Der Rabe im Schnee
Gute-Nacht-Geschichten
1986
ISBN 3-407-80334-6
vergriffen
Gulliver TB 1997
ISBN 3-407-78249-7

Der Roboter Max
und andere merkwürdige
Geschichten
1983
ISBN 3-407-80274-9
vergriffen

Schlaf gut, Murmeltier!
Annette Betz Verlag
1992
ISBN 3-219-10535-1

Das schöne Bärenleben
Mini-Buch 1990
ISBN 3-407-79123-1

Ein seltsamer Gast
Gute-Nacht-Geschichten
1988
ISBN 3-407-80356-7

Der Siebenschläfer
Gute-Nacht-Geschichten
1991
ISBN 3-407-80379-6

Sultan Mudschi
Gute-Nacht-Geschichten
1989
ISBN 3-407-80368-0
vergriffen
Sonderausgabe 2000
ISBN 3-407-79253-0

Tierisches von A bis Z
Gulliver TB 1988
ISBN 3-407-78047-8

Der Tintenfisch sitzt in der Tinte
Mini-Buch 1987
ISBN 3-407-79126-7
vergriffen

Traumboot
Ausgewählte Gute-Nacht-
Geschichten
1997
ISBN 3-407-79189-5

Das verzauberte Bilderbuch
1984
ISBN 3-407-80278-1
vergriffen

Violetta, die Maus
Mini-Buch 1994
ISBN 3-407-79193-3

Was macht der Bär?
Mini-Buch 1989
ISBN 3-407-79125-9

Das Weihnachtsgeschenk
Mini-Buch 1999
ISBN 3-407-79246-8

Wer küsst den Frosch?
Mini-Buch 1988
ISBN 3-407-79121-6

Wie geht's dem Schwein?
Mini-Buch 1988
ISBN 3-407-79120-8

Winzig
Das große Buch vom kleinen Elefanten
1993
ISBN 3-407-79134-8

Winzig, der Elefant
1985
ISBN 3-407-80330-3
Gulliver TB Aktion »Ferien 1999«
1999
ISBN 3-407-78368-X
vergriffen
Gulliver TB 2000
ISBN 3-407-78394-9

Winzig findet seine Eltern
1989
ISBN 3-407-80361-3
vergriffen

Winzig geht in die Wüste
1987
ISBN 3-407-80348-6

Winzig sucht die Elefanten
1988
ISBN 3-407-80353-2

Wo schläft die Maus?
Mini-Buch 1989
ISBN 3-407-79124-0

Die Wüstenmäuse
1990
Annette Betz Verlag
ISBN 3-219-10474-6

Wunderbare Bärenzeit
1993
ISBN 3-407-79105-4

Bücherschreiben und Zeichnen ist für mich immer auch eine Forschungsreise, es hat mit der Erforschung der Welt zu tun, so wie ein kleiner Mensch, der nach und nach die Welt für sich erobert und dabei immer wieder Glücksgefühle hat.

Erwin Moser

Editorische Notiz:
Dieses Buch erscheint anläßlich des Jubiläums 20 Jahre Erwin Moser bei Beltz & Gelberg.
Der Text von Hans-Joachim Gelberg ist entnommen aus: »Das große Fabulierbuch«.
»Warum es mir gut geht« ist entnommen aus: Erwin Moser, »Mein Baumhaus«;
»Das brennende Haus« aus: Erwin Moser, »Fabulierbuch«.
»Kleines Lexikon der Figuren Erwin Mosers« ist ein Originalbeitrag.
Text: Michael Fischer (Mitarbeit: Henrike Blum).
Die Abbildungen sind den Büchern Erwin Mosers entnommen.
Bisher unveröffentlicht sind die Titelzeichnung und die Abbildungen auf den Seiten 61 und 62.